Cómo leer la Biblia para que se manifieste su misterio

Escrito y editado:

Pbro. Jesús Sánchez Sánchez
Diócesis de Madrid (España)
1[a] ed. 12/09/2023: Fiesta del dulce nombre de María

Estas instrucciones son para los católicos que saben que primero Jesucristo instaura su Iglesia sobre Pedro, y que las Sagradas Escrituras son escritas por la inspiración del único Espíritu Santo dentro de esta única iglesia con sucesión apostólica (la misma sin interrupción), pues *"Jesucristo es el mismo ayer hoy y siempre" (Heb 13,8).* También, para quien quiera ser católico en un mismo sentir y pensar con Cristo: *"colmad mi alegría, teniendo un mismo sentir, un mismo amor, un mismo ánimo, y buscando todos lo mismo (...) Tened entre vosotros los mismos sentimientos que Cristo" (Flp 2, 2-5).*

Si ya era difícil para cualquier tipo de persona tener tiempo para leer la Biblia, sabiendo que muchos católicos no la han leído ni la conocen, cabe decir, que hoy es más difícil debido a la saturación de los audiovisuales que constriñen la imaginación en la lectura.

Por ello, hay que sacar fruto de la lectura de la Palabra de Dios, cosa que poca gente hace, debido a su forma de interactuar con ella.

No se trata, únicamente, de cómo leer la Biblia, sino de la forma de interactuar con las cosas y las personas; en definitiva, es como actuar con la historia, pues así como actuemos escribiremos nuestra propia historia, que es lo que hacemos todos los días y de lo que realmente se trata: de la forma de sacar provecho de la vida.

Por ello, seguro que muchos leen la palabra de Dios, otros la estudian, otros rezan con ella, pero ¿sacan el provecho adecuado? ¿Cuál es el provecho adecuado? Eso siempre es una sorpresa.

Lo primero, es saber cómo sacar provecho de las cosas que nos gustan; cómo actuamos ante esos acontecimientos en los que buscamos descanso, diversión, emoción, desconexión y trasportarnos a otra atmósfera en la cual no nos encontramos, aunque nos gustaría, o en la que sí nos encontramos, pero no nos gusta.

Se trata, en el fondo, de conocer otras perspectivas de cómo actuar o de cómo actúan otros, proponiéndonos situaciones de un futuro siempre incierto y variable, aunque esas variables sean siempre las mismas posibles.

Y como siempre, no podemos entender mucho sin el ejemplo o de hablar en lo concreto. Me estoy refiriendo al cine, la música, las artes. Me quiero enfocar sólo ahora en el cine.

No creo que a nadie le guste que le cuenten qué pasa al final de la película o quién es el malo, porque rompe toda la intención del guionista, de ir introduciéndote y haciéndote experimentar los vuelcos del corazón, las incertidumbres que se van a ir dando, y el espectador va experimentando sensaciones que no terminan cuando acaba la película, sino que toda película deja un poso en el corazón, y por ello, un deseo, una emoción.

A nadie se le ocurriría ver una película por partes y éstas sin conexión o desordenadas: los llamados *spoilers*, que no queremos que nos cuenten, sino experimentarlos dentro de su contexto. Qué decir del futbol, donde hay quien es capaz de grabar el partido y desconectar de todo hasta que lo ve al día siguiente, temiendo cruzarse con alguien que le diga el resultado.

Volviendo al cine, no es extraño que esa emoción inoculada por los personajes, el guion, la música y la historia que se va desarrollando, al acabar la película, quede un deseo, incluso de ser abogado, policía, militar, médico… etc. En definitiva, una respuesta a querer vivir o imitar esas historias que son humanas y motivan a tomar parte, inclusive, en esa "lucha entre el bien y el mal".

No voy a definir todo, creo que es suficiente para hacernos una idea de lo que quiero decir: todos tenemos una forma de acceder a una película para saber disfrutarla, y sólo hay una forma de que esta deje un impacto o poso en el corazón: ver su desenlace final, sin pestañear, yendo por todas las etapas: hasta que no se termina no se hace un juicio de si ha sido o no una buena película.

La Biblia o la Palabra de Dios es lo mismo. Ha sido expuesta y narrada por inspiración divina, lo cual quiere decir, que no contiene error y siempre será nuestro problema si ésta no toca el corazón. Esto pasa por varios motivos:

1- Como norma general, en las películas el que lee la Biblia es el psicópata. El malo de tarzán es el que lleva el rosario, pero para estrangular a sus víctimas con él, dándonos, de esta forma, un mal concepto subliminal de la Biblia y del catolicismo.

2- Los pandilleros y bandidos son los que llevan la cruz al cuello, relacionándola subliminalmente al caos y lo malo; el mensaje es: "sé un cristiano corrupto que irás al cielo" (no hay relación entre las obras y la fe: luteranismo).

3- Las películas de la conquista del Oeste (los protestantes) trajeron la esclavitud con Biblia y pistola en mano, usando la palabra de Dios como excusa de su racismo.

Estas causas subconscientes, y muchas más, hacen que poca gente tenga la brillante idea de comprarse una buena Biblia católica y leerla. Creo que, si alguno le dice a un amigo suyo que se está leyendo la Biblia, lo tomará por una persona infeliz, rara, desconcertante y, sobre todo, poco pragmática, incluso, si ambos son católicos. ¿Por qué está en la mente colectiva que no hace falta leer la Biblia dentro de los católicos? ¿Por qué hace 70 años la misa era en latín y nadie se enteraba, por tanto, no hacía falta? Esto no es verdad, porque la sociedad española de hace 70 años no es la de ahora, debido al desinfectante que han aplicado a todo lo que tiene que ver con la fe. Poniendo un simple ejemplo uno podía elevar el alma con la música, ahora, en general, sólo vale para mover el esqueleto. Se vivía en una sociedad que se respiraba la moral y las verdaderas leyes. Se respetaba al médico, al profesor, al policía, al sacerdote. Ahora la figura de la autoridad ha sido desacralizada, por ello, la historia y la Palabra de Dios han dejado de tener autoridad sobre nuestras vidas, sobre el ser humano.

Hace 70 años la sociedad era católica, en una normalidad que tenía que ver con la moral y la fe; aunque uno no leyera la Biblia, la educación iba acorde a ella. No es que antes no se necesitara de su lectura, pero es que ahora la deriva social lo hace imprescindible para hallar el eje del ser humano.

Bajemos a lo concreto, ¿a quién se le ocurriría leer la Biblia? He descubierto que ni a los que se preparan para la confirmación, debido a que el deseo de la concupiscencia dicta que no hay una autoridad más allá de lo que necesito de inmediato. Esta regla, en cambio, no se sigue para lo que entiendo como justo y necesario, por ejemplo, acudir a un médico, un policía, un abogado, un mecánico, un juez, un dentista… Pero ¿un sacerdote o leer la Biblia? Primero se probarán mil caminos y respuestas; nunca a la Sabiduría Divina, sólo tal vez como desesperación.

No me estoy quejando, sólo describo una realidad, para entender que el ambiente no es propicio, pero pondré las soluciones, la receta, la cual siempre hay que reconocer como autoridad.

Una vez han quedado claro los impedimentos que se van a presentar para leer la Biblia (todo tipo de ocio, trabajo, excusas, etc.), comentaré las consecuencias de no hacerlo, como es no encontrarme con lo Bueno en mi vida. No todos, ni en cualquier situación, pero sí todos, en un principio, pensábamos que algo bueno nos podía pasar en la vida; de hecho nos puede pasar algo bueno, ¡cómo no!, el ser humano es así, espera cosas buenas siempre, aunque, a menudo, muchos se encuentran con males. Esto les hace perder la esperanza de lograr lo bueno, recibir lo bueno y eso "Bueno" sea un destino para ellos.

Pronto continuaré con las claves para entrar a leer la Biblia, pero ahora comentaré lo Bueno que espera nuestro corazón y por qué, y las causas de no encontrarlo. Para ello, analizaremos un pasaje del Evangelio, aunque no es el objetivo de este librito comentar pasajes:

> *"En verdad os digo: quien no reciba el Reino de Dios como un niño no entrará en él. Cierto personaje distinguido le preguntó: — Maestro bueno, ¿qué puedo hacer para heredar la vida eterna? Le respondió Jesús: — ¿Por qué me llamas bueno? Nadie es bueno sino uno solo: Dios. Ya conoces los mandamientos: no cometerás adulterio, no matarás, no robarás, no dirás falso testimonio, honra a tu padre y a tu madre. -Todo esto lo he guardado desde la adolescencia -respondió él. Después de oírlo le dijo Jesús: — Aún te falta una cosa: vende todo lo que tienes y dáselo a los pobres, y tendrás un tesoro en los cielos. Luego, ven y sígueme. Pero al oír estas cosas se puso triste, porque era muy rico. Viéndole entristecerse, dijo Jesús: — ¡Qué difícilmente entrarán en el Reino de Dios los que tienen riquezas!". (Lc 18,17-24)*

Los niños siempre esperan recibir cosas buenas, hasta que reciben males. Por eso, ante Dios hay que volver a ser como un niño para esperar el sumo Bien y acogerlo sin recelos.

Un personaje distinguido, dice aquí el evangelista Lucas, llama a Jesús "maestro Bueno". Obviamente, Jesús aprovecha la ocasión para saber, si le está reconociendo su Divinidad y lo que ello implicaría de ser así. Por ello le pregunta *"¿Por qué me llamas bueno? Solo Dios es bueno"*, por tanto, Jesús implícitamente le está preguntando: ¿reconoces, pues, que Bueno sólo es Dios y que yo soy Dios?

Aquí radica la primacía del diálogo: Jesús es Dios, el Bien, lo Bueno, la vida Eterna, la vida Buena, el tres veces Santo. Por ello, ante la pregunta de este hombre distinguido o rico, en otros pasajes, Dios le responde que tiene que cumplir los mandamientos. Ante la pregunta de *¿cuáles?* Dios le menciona sólo seis mandamientos, que efectivamente él cumplía, por ello, era un hombre distinguido y buscaba lo bueno. La pregunta que surge es: ¿por qué Dios no le menciona el decálogo entero? Simple, porque Dios habla siempre de padre a hijo, en una paternidad en la cual nos conoce perfectamente. Por tanto, sabe de nuestras cosas buenas, nuestras búsquedas y de lo que nos frena a alcanzar todo el bien. Por ello, podremos comprender, que este hombre distinguido o rico, No cumplía todos los mandamientos, empezando por el primero: *"Amarás a Dios por encima de todas las cosas"*. Jesús no se lo dice directamente, lo pone de manifiesto al decirle: "*una cosa te falta: vende todo lo que tienes y dáselo a los pobres, y tendrás un tesoro en los cielos. Luego, ven y sígueme*"; como era muy rico se fue triste. ¡Qué pena! Dios en persona, el Sumo Bien, lo que a todos nos gustaría tener enfrente y recibir semejante invitación… y se va triste porque no cumplió con el primer mandamiento.

Esto debe hacernos reflexionar que no alcanzaremos lo Bueno, si no cumplimos los mandamientos.

Jesús encontró lo bueno con minúscula, digo con minúscula porque el hombre no es sustancia divina, pero no tan minúscula debido al interés de Dios por el hombre. ¿Este pasaje de la Escritura se cumple en Jesús? Totalmente. Jesucristo pide dejarlo todo a los sacerdotes; a los fieles no posponer nada como prioridad antes que a Él (1ª clave para leer la Biblia) porque Jesús lo ha dejado todo, rebajándose de su condición Divina y ha tomado naturaleza humana (sin dejar de ser persona Divina) ¿Qué significa esto? A nosotros nos encanta estar junto a gente distinguida, inteligente, guapa, rica, graciosa, buena, amable, poetas, cantantes, gente habilidosa en las artes; en definitiva, gente que me aporte algo de "vidilla". Esto es lógico y normal, lo que nos lleva a la siguiente reflexión: si Dios es el Sumo Bien, lo Eterno, lo Justo, lo Bello, lo Uno, lo Pulcro, lo Sabio por excelencia, el Todopoderoso, el Amor Verdadero, lo Alegre y Poeta por excelencia, etc., etc., etc., ¿se puede saber qué aporto yo a Dios para querer estar conmigo?, ¿dialogar conmigo?, ¿encarnarse?, ¿para morir por mí? Esto es lo que no entendieron los griegos que buscaban sabiduría; nunca pensaron que esta sabiduría estuviera interesada en algo inferior a ella. Y qué decir de los judíos, que sabiendo de su interés, sólo se aprovechaban de Dios pidiendo favores y signos, pero sin amor, sin devoción y yéndose detrás de los ídolos.

¿Por qué Dios haría algo así? La respuesta es simple para un niño: **porque es mi Padre**. Esto nos debe hacer reflexionar como personas: si Dios lo hizo, yo puedo también. Si Dios pudo interesarse por lo débil, lo despreciable, lo que no cuenta; yo también. Porque siempre lo marginal me aporta algo en mi vida, el tesoro escondido, el interés divino y humano: es el amor que se hace más fuerte en la debilidad y enfermedad de los seres queridos; Dios nos lleva a sentir esto por toda la humanidad.

¡Qué misterio tan oculto y a la vez tan a la vista de los humildes, de los que son como niños! El hombre es un tesoro para Dios, es su *"imagen y semejanza"*, *"hombre y mujer los creo"*. Por ello, somos un tesoro escondido en el campo que ha encontrado y ha vuelto a esconder. Por tanto, *"ya vivos o muertos somos del Señor" (Rm 13,8-9)*, porque ya caminando sobre la tierra o enterrados en ella somos de Jesucristo; ya respirando o en la fría descomposición somos del Señor, porque Él es un Dios de Vivos, y la tierra en la que yacemos, y pertenecemos la ha comprado Yahvé al precio de la sangre de su Único Hijo:

"El Reino de los Cielos es como un tesoro escondido en el campo que, al encontrarlo un hombre, lo oculta y, en su alegría, va y vende todo cuanto tiene y compra aquel campo". (Mt 13,44)

Yahvé encuentra ese tesoro para Él y compra ese campo (el mundo) vendiendo cuanto tiene (su Único Hijo). ¡Esto es tan maravilloso...! Pero, no es el objetivo de este escrito; sólo quiero que cada hermano dialogue personalmente con su Padre; lea la Biblia con el Espíritu con el que fue escrita y se conserva en la Tradición Católica. No debemos nada a esa sanguinaria "Pachamama", un mito sobre una "diosa" malvada que dogmatiza sobre unas sociedades de clases racistas, además, nos hace imposible que sean perdonados nuestros pecados ni después de diez mil "reencarnaciones". No, pertenecemos a Dios que paga por el "karma"[1] (los pecados) de la persona de una vez para siempre.

Hemos visto que el objetivo de nuestra vida es sumamente importante, como para que nuestro Creador se cruce en nuestras vidas para mostrarnos *"el Camino, la Verdad y la Vida" (Jn 14,6).* Por ello, no podemos permitirnos que el tiempo que dedicamos a ser "distinguidos" o buscarnos a nosotros mismos consumiendo el tiempo, nos impida encontrar la vida eterna, Dios, lo Bueno, eso que incluso la persona más positiva piensa que algo bueno la puede pasar...

[1] Creencia hinduista de no poder ayudar al indigente, pobre, enfermo, pues es un castigo divino de Shiva, que recae sobre ellos y deberán pagar perfeccionándose, quien sabe, si después de diez mil reencarnaciones. En definitiva, una "divinidad" (filosofía) malvada, porque no permite la ayuda del prójimo, el cual está destinado a ser un paria (clase baja hinduista) en multitud de reencarnaciones, según esa antihumana creencia.

PARA SACAR PROVECHO DEL DIALOGO CON DIOS

Y SU PALABRA

(claves imprescindibles)

1º- Creo que hace falta un mínimo: saber que Dios existe y no juzgarlo; ese Dios es Jesucristo, independientemente de mis juicios particulares. La Sagrada Escritura Dios la ha conservado y protegido de error en su Iglesia Católica, ¿para qué? Para reservarse el derecho de que quien la lee, encuentre que lo siguiente se cumple hoy:

> *"Así será la palabra que sale de mi boca: no volverá a mí de vacío, sino que hará lo que Yo quiero y realizará la misión que le haya confiado. Así, partiréis con alegría y seréis conducidos en paz". (Is 55,11-12)*

2º- He de haber experimentado de alguna forma que Dios es bueno y no juzgarlo de los males del mundo. Los que se cruzaron en persona con Jesús son aquellos, tal vez, con mayor motivo de recriminarle por la desdicha de sus vidas: los ciegos de nacimiento, los cojos, las viudas, los padres con niños enfermos o poseídos, lunáticos, leprosos, prostitutas, paralíticos, etc. Pero, ninguno le recriminó nada; todo lo contrario, vieron una oportunidad de pedir favor y misericordia al Rey, que habiendo bajado del trono, caminaba por las calles y pisaba su mismo barro.

3º- Tengo que saber qué quiero, qué quiero de verdad; es algo que quiere salir hacia afuera pero, a veces, es difícil, muy difícil, imposible... ¿Qué será? Es lo mismo para todos. Tanto es así, que resulta más fácil darle ese cariño a un animal que a una persona... Si pudiéramos amar y abrazar lo mismo a los seres queridos como a veces jugamos con un animal, entonces nos haríamos como niños y entraríamos en el Reino de los Cielos. Este es sólo un ejemplo insuficiente de la santidad que el ser humano está llamado a dar y esperar.

Por tanto, hay personas de las que hay que alejarse; sólo desde Dios puedo acercarme a las que deseo amar con un amor de familia carnal: padres, madres, hermanos; esto es lo principal. No puedo especificar más, esto está escrito para un curso de catequesis de confirmación de adultos y lo que falta se irá explicando de forma oral.

4º- Realmente existe nuestra media naranja: es Dios. De alguna manera, hay algo que no funciona, *"lo busco fuera, pero está dentro" (San Agustín)*. Fuera busco justicia, paz, amor, verdad, bien, libertad, seguridad, pero veo que eso es imposible de realizarse completamente en esta vida. En cambio, siempre busco esas cosas que mi mente, alma y corazón reclaman, precisamente, porque reclamándolas pueden habitar en mí:

> *"Si alguno me ama, guardará mi palabra, y mi Padre le amará, y* ***vendremos a él y haremos morada en él****. El que no me ama, no guarda mis palabras; y la palabra que escucháis no es mía sino del Padre que me ha enviado. Os he hablado de todo esto estando con vosotros; pero el Paráclito, el Espíritu Santo que el Padre enviará en mi nombre,* ***Él os enseñará todo y os recordará todas las cosas que os he dicho****. La paz os dejo,* ***mi paz os doy; no os la doy como la da el mundo****. No se turbe vuestro corazón ni se acobarde." (Jn 14,23-27)*
>
> *"Jesús les respondió: — Yo soy el pan de vida" (Jn 6,35)*
>
> *"De nuevo les dijo Jesús: — Yo soy la luz del mundo; el que me sigue no andará en tinieblas". (Jn 8,12)*
>
> *"Jesús: — Cuando hayáis levantado al Hijo del Hombre, entonces conoceréis que yo soy, y que nada hago por mí mismo, sino que como el Padre me enseñó así hablo." (Jn 8,28)*

"Jesús les dijo: — En verdad, en verdad os digo: antes de que Abrahán naciese, yo soy." (Jn 8,58)

"Entonces volvió a decir Jesús: — En verdad, en verdad os digo: yo soy la puerta de las ovejas." (Jn 10,7)

"Yo soy la puerta; si alguno entra a través de mí, se salvará; y entrará y saldrá y encontrará pastos." (Jn 10,9)

"Yo soy el buen pastor. El buen pastor da su vida por sus ovejas." (Jn 10,11)

"Yo soy el buen pastor, conozco las mías y las mías me conocen." (Jn 10,14)

"-Yo soy la Resurrección y la Vida -le dijo Jesús-; el que cree en mí, aunque hubiera muerto, vivirá" (Jn 11,25)

"Yo soy la luz que ha venido al mundo para que todo el que cree en mí no permanezca en tinieblas." (Jn 12,46)

"Pues si yo, que soy el Señor y el Maestro, os he lavado los pies, vosotros también debéis lavaros los pies unos a otros." (Jn 13,14)

"Os lo digo desde ahora, antes de que suceda, para que cuando ocurra creáis que yo soy." (Jn 13,19)

"-Yo soy el Camino, la Verdad y la Vida -le respondió Jesús-; nadie va al Padre si no es a través de mí." (Jn 14,6)

"Yo soy la vid verdadera y mi Padre es el labrador." (Jn 15,1)

"Yo soy la vid, vosotros los sarmientos. El que permanece en mí y yo en él, ése da mucho fruto, porque sin mí no podéis hacer nada." (Jn 15,5)

"Yo les he dado tu palabra, y el mundo los ha odiado porque no son del mundo, lo mismo que yo no soy del mundo." (Jn 17,14)

El hombre puede ser quien anhela, recuperando su imagen manchada por el pecado, porque Dios lo concede si uno lo pide y busca de todo corazón para darse a los demás, empezando por los más cercanos, los familiares, porque Dios nos ha amado primero en ese encuentro.

5º- Ha salido la palabra "encuentro". Al leer la Sagrada Escritura, Dios viene a mi encuentro; hemos sacado un libro de la estantería o de la librería, pero el *"Librero"* ha dejado la tienda al encargado y saliendo junto con nosotros y nos explica las Escrituras. Esto es debido, a que nos surgen preguntas lícitas; Dios verá el momento adecuado o mejor, nos instruirá con la lectura para entenderlo en su momento, incluso nos responderá en nuestro intelecto, a veces de forma rápida y coherente. A veces pasa tiempo, pero la lectura continúa es siempre algo nuevo porque la historia se encarna en mi vida concreta y la palabra de Dios le da coherencia, la enfoca, me hace libre y elige, ahora sí, mi destino: *"Porque a los que de antemano eligió también predestinó para que lleguen a ser conformes con la imagen de su Hijo" (Rm 8,29).*

Cuántas veces hemos visto y oído que si uno abre la tumba de Tutankamón le cae un maleficio. Cierto es que, quienes hacen espiritismo, Ouija, *channeling*, masonería, gnosticismo, santería, etc… los demonios les acompañan y no pueden desprenderse de ellos (te los llevas puestos sí o sí) o si rompes un espejo te acompaña la mala suerte… Cuántas cosas evitamos para ello, cuántas para acercar la "buena suerte"…, así es en algunas cosas. Entonces, ¿de verdad no creemos que si abrimos lo siete veces sellado, la palabra de Dios, no se nos va a pegar Dios a nuestra vida allá donde vayamos? ¿Aquel que la ha predicado, y ha muerto para dar testimonio de la Verdad?

Es Jesucristo, cuando marcamos la página por dónde va nuestra lectura de la Biblia, quien sigue acompañándonos y se hace presente en la providencia; cuando volvemos a la lectura... ¡oh!, ¿ha sido casualidad? Algo ha pasado y esos días que no he podido leer, Dios ha escrito el contexto, en mi realidad, en el encuentro con el prójimo. Bueno, esto es algo que es mejor descubrir.

6º- Pasemos a las normas básicas de cómo leer la Biblia:

Aquí es necesario no aprender con vicios, ni escatimar: nos haremos con la ***Biblia de Jerusalén, Editorial Desclée De Brouwer***[2]. Comenzaremos a leerla por el Nuevo Testamento. Al principio, no es necesario leer los cuatro *evangelios*, pero sí es necesario al menos dos: primero el evangelista San Lucas y después evangelista San Juan.

Después pasaremos a leer *Hechos de los Apóstoles*, luego las *Epístolas de San pablo* y así, de seguido, hasta llegar al *Apocalipsis*. No os asustéis, no tengáis miedo, ¡son sólo 348 paginas! en la versión de letra muy grande, 264 en la versión de letra pequeña y una Biblia normal estará por las 300 páginas.

La Biblia hay que leerla en casa; lo siento, pero no es un podcast. Se trata de un libro sagrado al que hay que tener el máximo respeto; ni siquiera se debería subrayar, pues toda ella habla en diferentes etapas de la vida; el Espíritu con el que fue escrita es el Espíritu más sutil y móvil de todos:

> *"Anhelad, por tanto, mis palabras, aspirad a ellas y recibiréis instrucción. La sabiduría es resplandeciente e imperecedera; los que la aman la contemplan con facilidad, los que la buscan, la encuentran. Se adelanta a darse a conocer a quienes la anhelan.*

---

[2] Buenas traducciones son, también, la Biblia de Navarra o Nácar Colunga, si no se tiene Biblia, mejor comprar la de Jerusalén.

Quien madruga por ella no pasará fatigas, la encontrará sentada a la puerta. Pensar en ella es sensatez perfecta; quien vela por ella pronto estará libre de preocupaciones. Que ella misma anda buscando a los que le son dignos, se les muestra en los caminos con actitud benigna y les sale al encuentro llena de solicitud. Su comienzo verdadero es el deseo de instrucción, y desvelo de la instrucción, el amor. El amor consiste en observar sus leyes, la guarda de las leyes es garantía de incorruptibilidad y la incorruptibilidad otorga el estar cerca de Dios. El anhelo de la sabiduría, pues, lleva al reino. Por eso, reyes de los pueblos, si gustáis de tronos y cetros, honrad la sabiduría y reinaréis para siempre. Os voy a anunciar qué es la sabiduría y cómo nació; no os voy a ocultar los misterios, sino que seguiré su huella desde el principio de su origen; expondré con claridad cómo se conoce y no me apartaré de la verdad. No andaré en compañía de la envidia corruptora, porque ésta nada tiene en común con la sabiduría. Los muchos sabios son salud para el mundo, y un rey prudente, la estabilidad del pueblo. Dejaos, pues, instruir por mis palabras y sacaréis provecho. Yo también soy un hombre mortal como todos y desciendo del primero que fue formado de la tierra; en las entrañas de una madre fui plasmado en carne (...) Conozco lo escondido y lo patente; pues me lo enseñó ***la sabiduría, artífice de todo. Porque hay en ella un espíritu inteligente, santo, único, multiforme, sutil, móvil, perspicaz, incontaminado, lúcido, inofensivo, amante del bien, agudo, incoercible, benigno, amigo de los hombres, firme, cierto, seguro, omnipotente, que lo observa todo, que penetra todos los espíritus inteligentes, puros, sutilísimos. La sabiduría es el más móvil de todos los movimientos, pues por su pureza atraviesa y penetra todas las cosas. Es un hálito del poder de Dios y un destello puro de la gloria del Todopoderoso: por eso nada inmundo penetra en ella. Es reflejo de la luz eterna, espejo nítido de la acción de Dios e imagen de su bondad. Aun siendo una, todo lo puede; y, sin cambiar en*** *nada, todo lo renueva; se comunica a las almas santas de cada generación y las convierte en amigos de Dios y en profetas, porque Dios ama sólo a los que conviven con la sabiduría. Ella es más bella que el sol y que todas las constelaciones. Comparada con la luz, ella resulta superior, pues a aquélla la releva la noche, pero a la sabiduría no la vence la maldad. Alcanza con vigor de un confín a otro confín y gobierna todo con benignidad. Desde mi juventud la amé y la busqué, quise tomarla como esposa mía y me enamoré de su belleza. Muestra su nobleza por estar en comunión con Dios, y el Señor de todas las cosas la amó con predilección. Ella es iniciada en la ciencia de Dios y sabe escoger entre sus obras. Si poseer riqueza es algo apetecible en la vida, ¿qué hay más rico que la sabiduría que lo causa todo? Y si es la prudencia la que obra, ¿quién mayor artífice que ella entre los seres? Si alguien ama la justicia, las virtudes son el fruto de sus fatigas. Ella es maestra de templanza y de prudencia, de justicia y fortaleza: nada hay más provechoso para los hombres en la vida. Y si alguien desea una rica experiencia, ella conoce el pasado y prevé el futuro, sabe de los dichos ingeniosos y la solución de los enigmas, conoce de antemano las señales y prodigios y los desenlaces de las circunstancias y los tiempos. Por eso decidí tomarla por compañera de mi vida, consciente de que me sería buena consejera y consuelo en las preocupaciones y tristezas." (Sab 6,11-8,9)*

"Ciertamente, la palabra de Dios es viva y eficaz, y más cortante que una espada de doble filo: entra hasta la división del alma y del espíritu, de las articulaciones y de la médula, y descubre los sentimientos y pensamientos del corazón." (Hb 4,12)

Cuando comenzamos a leerla van a pasar varias cosas, entre ellas: nos va a sorprender, tocar el corazón, emocionar, pensar, rezar, elevar nuestra mirada a Dios, pedir, anhelar, buscar, y a veces no comprender ni entender, pero desearlo y esperar en Dios, no juzgarle y seguir aprendiendo.

7º- Uno comienza la lectura… desde el principio y en orden; esa es la intención de San Lucas, parece que escribe para un amigo de Dios (Teófilo), ¡eso es lo que serás tú! San Lucas escribe todo y lo expone por orden ¡para ti!

No olvidemos que lo escrito en la Biblia, no lo escribe Jesús, sino, como Él dijo, la tercera persona de la Trinidad nos lo comunicaría:

> *"La palabra que escucháis no es mía sino del Padre que me ha enviado. Os he hablado de todo esto estando con vosotros; pero el Paráclito,* ***el Espíritu Santo*** *que el Padre enviará en mi nombre, Él os enseñará todo y* ***os recordará todas las cosas que os he dicho.*** *" (Jn 14,24-26)*

Por tanto, el Espíritu Santo les recuerda lo que tienen que escribir: lo oían, por eso en la Palabra de Dios no hay error. Por ello, el trabajo del Espíritu Santo en nuestro tiempo actual es recordarnos lo que ha dicho Jesús, pero ¿cómo puede ser eso posible si no leo lo que Él quiere comunicarme? ¿Cómo rezar bien si no conozco la palabra del Espíritu Santo que viene en mi ayuda?:

> *"Asimismo también el Espíritu acude en ayuda de nuestra flaqueza: porque no sabemos lo que debemos pedir como conviene; pero* ***el mismo Espíritu intercede por nosotros con gemidos inefables.*** *Pero el que sondea los corazones sabe cuál es el deseo del Espíritu, porque intercede según Dios en favor de los santos." (Rm 8,26-28)*

Por ello, leer la Biblia no debe ser algo frívolo, sino con la recta intención de hacerme amigo de Dios. Con paciencia, continuidad… No se puede dejar mucho tiempo el marcapáginas para la siguiente vez, porque se corre el riesgo de desconectar del hilo conductor (que sólo sabe Dios) y perder esa atmósfera, ese poso en el corazón. Tampoco, se debe leer demasiado rápido sin interiorizar esos pequeños gozos o sorpresas que elevan el intelecto y el corazón, que no desea pasar página, sino parar y meditar, rezar, preguntar a Dios, rumiar lo que me acaba de pasar. Preguntar directamente al Artífice, a pesar de que posiblemente la respuesta sé que está en la siguiente página... y, sobre todo, porque haciendo esa pausa en la lectura tengo la certeza que eso quedara para mañana o el próximo día, esperándome con paciencia Divina. Entre esa pausa y la próxima vez que retome la lectura habrá providencia Divina en persona; Jesucristo está vivo, ¡ha resucitado!, "se aparece" y manifiesta a los suyos.

¿Cómo saber cuándo parar la lectura y meditar, cuándo retomar? Eso no lo puedo explicar o sí; se trata de una relación personal con Dios: te ayudará a comprender las mociones por las que el Espíritu Santo te mueve; eso necesita, también, un aprendizaje, una amistad. Como toda amistad, busca un bien recíproco; Dios busca mi bien y ¿cómo no puedo yo buscar el suyo si eso es la amistad?:

> *"Elí contestó: — No te he llamado, hijo mío. Vuelve a acostarte — Samuel todavía no reconocía al Señor, pues aún no se le había revelado la palabra del Señor. Volvió a llamar el Señor por tercera vez a Samuel. Él se levantó, fue hasta Elí y le dijo: — Aquí estoy porque me has llamado. Comprendió entonces Elí que era el Señor quien llamaba al joven, y le dijo: — Vuelve a acostarte y si te llaman dirás: «Habla, Señor, que tu siervo escucha». Samuel se fue y se acostó en su aposento. Vino el Señor, se presentó y le llamó como otras veces: — ¡Samuel, Samuel! Respondió Samuel: — Habla, que tu siervo escucha." (1Sam 3,6-10)*

8º- Podríamos escribir mil páginas de cómo acercarse a la Sagrada Escritura; no sé si yo podría escribir más de doscientas... El caso es que es mejor hacer aquí un corte abrupto, porque creo que ya he dicho suficiente como para que cada uno empiece este apasionante camino de la mano de Dios. Teniendo presente que no somos animales, pues éstos saben por intuición hacer todo sin que nadie les enseñe; se les puede domesticar y enseñar cosas nuevas, pero no podremos enseñar a una araña a tejer su tela, a una abeja su panal, ni a seleccionar las flores… etc. Somos el único "animal" (a "imagen y semejanza de Dios") que no nace sabiendo y, precisamente, esta es la diferencia más maravillosa de todas en la que Dios se compromete a implicarse: este es el amor de la paternidad (de los padres) y eso es ¡lo más maravilloso de toda la creación! Cómo unos padres aman, enseñan, le cantan y ríen con sus hijos; cómo van creciendo en confianza por puro amor y gratuidad. Ésta es la comunicación del saber dentro de la familia. Esto es lo que Dios también se reserva como Padre:

> *"Dios quiere acoger y formar una familia, pues quiere que te sientas verdaderamente acogido en la Sagrada familia de Nazaret, que puedas llamar a la Santísima Virgen María: "mamá María". Esto, lejos de ser un infantilismo, nos recuerda al diálogo de Jesucristo con su Padre, al que llama "Abbá", esto es algo más que una filiación divino-paterna. Implica un cariño, pues es una expresión que se traduciría por "papaíto". A pesar de que la traducción nos puede sonar pueril, en el hebreo implica un auténtico sentido de pertenencia en el amor, la verdad, el respeto, la obediencia y, sobre todo, la igualdad en el conocimiento y comunión del Bien.*
>
> *Como digo, este Bien es una fiesta de la cual, el Autor Trinitario quiere expandir, comunicar. Brota de una experiencia de Jesucristo, y de la Virgen María su madre. Precisamente por ser Virgen, es capaz de ser Madre de todos los que se acogen a Jesucristo Eucaristía."*[3] Pues, Jesucristo es su único hijo; éste es la Eucaristía y yo me convierto en Él; esto me hace hijo de María.

---

[3] Jesús Sánchez Sánchez, *Metafísica sacramental de la iniciación católica de adultos*, ¿por qué pido un Misterio?: ¿Cuál es el objetivo de los sacramentos?, pág. 10 (disponible en Amazon)

No es competencia de este libro lo que voy a decir, pero lo hago para aclarar el concepto anterior: aunque uno no nace sabiendo, nace habiendo sido amado por Dios. Por ello, el corazón humano no se conforma con menos que con el amor de Dios. Si esto deja de hacerlo, caerá en depresión (si engaña al corazón); si le dice que eso que está dentro del corazón es mentira y no se puede alcanzar. Por tanto, toda paternidad apunta a una paternidad y autoridad más alta a la que todos debemos mirar. Esto nos dice que todo lo bueno recibido de nuestros padres viene de Dios; lo malo es la imperfección humana; lo muy malo es cosecha del pecado original y lo verdaderamente malo es algo que hay que perdonar, sanar y amar desde la paternidad de Dios.

Debido a que la palabra de Dios hay que interpretarla y leerla desde dónde ha sido escrita (la Iglesia Católica), no agota tener que hablar y consultar el Magisterio de la Iglesia, la Tradición y los buenos sacerdotes fieles a ella porque, como todo en la vida, hay malos y buenos. Necesitamos, por malos y estafadores que algunos sean (separando lo técnico de lo moral), buenos médicos, buenos dentistas, buenos abogados, buenos mecánicos... Un buen sacerdote no puede separar su ser de su actuar (doble vida); debemos buscar ¡buenos sacerdotes! Que su ser no este alejado de Dios. Aunque, los sacramentos que ellos dispensan son de Cristo: *"si Judas bautiza, no bautiza Judas sino Jesucristo" San Agustín de Hipona.*

Debido al primer ejemplo que he puesto sobre el cine y, por si queda alguna duda de que podemos esperar al leer la Biblia, hay una película que lo muestra muy bien y os la recomiendo encarecidamente a todos: ***The NeverEnding Story***: en España: ***La historia interminable***; y en Hispanoamérica, ***La historia sin fin***, y tiene que ser la del año: 1984. (aconsejo la que está en castellano)

En esta película y, sin hacer spoiler, el niño se lleva la sorpresa más increíble de su vida: el personaje principal del libro le está hablando en ese momento y sabe quién es, que lo está leyendo sabe su nombre y donde está..., esto le pega un susto tremendo...; qué mejor ejemplo, la relación de este chico con el libro en la película, es la que tendríamos que tener nosotros con la Biblia porque la Biblia interactúa con nosotros como con este niño.

Veamos esta película primero, nos enseñará tres pruebas esenciales de la vida y de cómo superarlas.

"Dispuso Dios en su sabiduría revelarse a Sí mismo y dar a conocer el misterio de su voluntad, mediante el cual los hombres, por medio de Cristo, Verbo encarnado, tienen acceso al Padre en el Espíritu Santo y se hacen consortes de la naturaleza divina. En consecuencia, por esta revelación, Dios invisible habla a los hombres como amigos, movido por su gran amor y mora con ellos, para invitarlos a la comunicación consigo y recibirlos en su compañía. Este plan de la revelación se realiza con hechos y palabras intrínsecamente conexos entre sí, de forma que las obras realizadas por Dios en la historia de la salvación manifiestan y confirman la doctrina y los hechos significados por las palabras, y las palabras, por su parte, proclaman las obras y esclarecen el misterio contenido en ellas. Pero la verdad íntima acerca de Dios y acerca de la salvación humana se nos manifiesta por la revelación en Cristo, que es a un tiempo mediador y plenitud de toda la revelación"[4]

[4] *DEI VERBUM* Constitución Dogmática Sobre la Divina Revelación, Pablo VI, 18 de noviembre de 1965

Lectura Patrística

Ignorar las Escrituras es ignorar a Cristo

San Jerónimo, presbítero

Prólogo al comentario sobre el libro del profeta Isaías, 1.2 (CCL 73,1-3)

[5] "Cumplo con mi deber, obedeciendo los preceptos de Cristo, que dice: *Estudiad las Escrituras,* y también: *Buscad, y encontraréis,* para que no tenga que decirme, como a los judíos: *Estáis muy equivocados, porque no comprendéis las Escrituras ni el poder de Dios.* Pues, si, como dice el apóstol Pablo, Cristo es el poder de Dios y la sabiduría de Dios, y el que no conoce las Escrituras no conoce el poder de Dios ni su sabiduría, de ahí se sigue que ignorar las Escrituras es ignorar a Cristo.

Por esto, quiero imitar al padre de familia que del arca va sacando lo nuevo y lo antiguo, y a la esposa que dice en el Cantar de los cantares: *He guardado para ti, mi amado, lo nuevo y lo antiguo;* y, así, expondré el libro de Isaías, haciendo ver en él no sólo al profeta, sino también al evangelista y apóstol. Él, en efecto, refiriéndose a sí mismo y a los demás evangelistas, dice: *¡Qué hermosos son los pies del mensajero que anuncia la paz, que trae la Buena Nueva!* Y Dios le habla como a un apóstol, cuando dice: *¿A quién mandaré? ¿Quién irá a ese pueblo?* Y él responde: *Aquí estoy, mándame.*

Nadie piense que yo quiero resumir en pocas palabras el contenido de este libro, ya que él abarca todos los misterios del Señor: predice, en efecto, al Emmanuel que nacerá de la Virgen, que realizará obras y signos admirables, que morirá, será sepultado y

---

[5] SAN JERÓNIMO, presbítero y doctor de la Iglesia, memoria obligatoria, Tiempo Ordinario Ciclo A año Impar (Lectura de La liturgia de la Horas)

resucitará del país de los muertos, y será el Salvador de todos los hombres.

¿Para qué voy a hablar de física, de ética, de lógica? Este libro es como un compendio de todas las Escrituras y encierra en sí cuanto es capaz de pronunciar la lengua humana y sentir el hombre mortal. El mismo libro contiene unas palabras que atestiguan su carácter misterioso y profundo: *Cualquier visión se os volverá* - dice- *como el texto de un libro sellado: se lo dan a uno que sabe leer, diciéndole: «Por favor, lee esto». Y él responde: «No puedo, porque está sellado». Y se lo dan a uno que no sabe leer, diciéndole: «Por favor, lee esto». Y el responde: «No sé leer».*

Y, si a alguno le parece débil esta argumentación, que oiga lo que dice el Apóstol: *De los profetas, que prediquen dos o tres, los demás den su opinión. Pero en caso que otro, mientras está sentado, recibiera una revelación, que se calle el de antes.* ¿Qué razón tienen los profetas para silenciar su boca, para callar o hablar, si el Espíritu es quien habla por boca de ellos? Por consiguiente, si recibían del Espíritu lo que decían, las cosas que comunicaban estaban llenas de sabiduría y de sentido. Lo que llegaba a oídos de los profetas no era el sonido de una voz material, sino que era Dios quien hablaba en su interior como dice uno de ellos: *El ángel que hablaba en mí,* y también: *Que clama en nuestros corazones: «¡Abbá! (Padre)»,* y asimismo: *Voy a escuchar lo que dice el Señor."*

"V/. Toda Escritura inspirada por Dios es útil para enseñar, para educar en la virtud;

así el hombre de Dios estará perfectamente equipado para toda obra buena.

R/. El que observa la ley es hijo prudente.

R/. Así el hombre de Dios estará perfectamente equipado para toda obra buena.

Final

Oremos:

Oh Dios, tú que concediste a san Jerónimo una estima tierna y viva por la sagrada Escritura, haz que tu pueblo se alimente de tu palabra con mayor abundancia y encuentre en ella la fuente de la verdadera vida. Por nuestro Señor Jesucristo, tu Hijo, que vive y reina contigo en la unidad del Espíritu Santo y es Dios por los siglos de los siglos.

Amén."

Que con vuestra oración Dios me conceda ser un buen sacerdote+

Pbro. Jesús Sánchez Sánchez,
Diócesis de Madrid (España)

Printed in Great Britain
by Amazon